Manfred Zimmermann

GEDICHTE UNSERER ZEIT

lesezeichen

Gedacht und niedergeschrieben zur Ehre
der Bürgerinnen und Bürger Neubrandenburgs und
ihres großen Geburtstages.

Zur Erinnerung und Mahnung an unsere Geschichte.

Zum Gedenken an die Toten.

Zur Freude an die wunderbaren Konzerte und
Veranstaltungen in unserer Konzertkirche.

Zur Freude und Erholung an unseren tollen Tollensesee.

Inhalt

Die Glocken von Sankt Marien
Ein Ruf der „Stadt der vier Tore".

Siehst du die Zeit vorüber ziehen,
so denke an die Glocken von Sankt-Marien.
In den goldenen zwanziger Jahren wurden sie geboren,
schon damals wurde auch das Volk geschoren.

Erst einmal die gemeine Inflation,
die kennen wir auch heute schon.
Dann die Weltwirtschaftskrise,
da machte so mancher Bürger Miese.

Es folgte dann die Nazi-Zeit,
zu einem neuen Krieg war man bereit.
Es war der „Zweite" dieser Sorte,
er schenkte der Welt viele Tote.

Doch die Glocken mussten weichen,
auch sie sollten den großen Krieg erreichen.
Was will ein Christen-Kind denn mehr,
neue Glocken mussten her.

Dann folgte die große Niederlage,
oder auch wie ich das sage,
der Sieg der Sieger über die Barbaren
das kann man ja wohl sagen.

Nun steht die eine Glocke hier, schaut mal genauer,
sie steht zur Ehre und zur Trauer.
100 Jahre ist sie alt,
sie ist aus Eisen, nicht bemalt.

Es waren aber drei aus festem Guss,
dann mussten sie weichen es war ein „Muss".
Die Zweite steht in Fünfeichen,
gedenkt der Toten, ja, der Leichen.

Hinter dem großen schwarzen Kreuz steht sie Tag und Nacht,
tut so, als ob sie auch das Denkmal dort bewacht.
Aber nein,
zum Gedenken ist sie viel zu klein.

Doch sie wird, das können wir Menschenkinder schon erahnen,
uns mahnen.
Das große Leid kann man kaum erfassen,
das Morden muss man unterlassen.

Auch die Arbeit wurde eingeleutet,
ein jeder weiß, was das bedeutet.
Sei pünktlich, sei bereit,
immer treu und Redlichkeit.

Der Rücken wurde auch gebeugt,
auch mit der Peitsche wurde überzeugt.
Erst mit zu und von Stein,
ließ man diese Folter sein.

Auch das ist ja noch bekannt,
Hexen wurden einst verbrannt.
Unsere Glocken hatten damit nichts zu tun,
darum lassen wir die „Hexen" ruhen.

Friede! Friede, das wollen all die Völker nun bedenken.
Friede, wollen sie der Menschheit schenken.
Die Kriegstreiber mussten wieder einmal fliehen,
lasst sie ziehen, lasst sie ziehen.

Nun wartet noch die Dritte,
auf ihren Platz in der Stadtmitte.
Wir werden es ja sehen,
sicher gibt es bald ein Wiedersehen.

Auch sie wird ihren Platz noch finden,
und dann den Aufbau unserer schönen Stadt verkünden.
Denn das wissen wir doch alle,
unsere Vier-Tore-Stadt ist eine Perle.

Man sieht die erste der „Drei" Tag für Tag nun immer mehr,
sie ist gewaltig, richtig schwer,
hier hat sie einen Platz gefunden, richtig toll,
nun ist der Vorplatz richtig voll.

Ein „Vater unser" ziert ihre Außenhaut,
ja, ja, sie wurde damals gut gebaut.
Ein Bronzeguss, ganz gut genormt,
von den Erbauern gut geformt.

Ihre Bronze musste sie für Kriege geben,
damit nahm man anderen Menschen dann das Leben.
Mein Gott, was diese Glocke schon erlebte,
auch Tage, an dem die Erde bebte.

Viele Gäste werden kommen,
doch das Hotel wurde uns genommen.
Alle werden nun die Glocke sehen
und den Schiller gut verstehen.

Heute läuten fünf neue,
zu den Zeiten und zur Treue.
Diese fünf sind auch eine große Ehre unserer Zeit,
auch zur Erinnerung sind sie bereit.

Unsere Glocken halten Wacht,
denn drei und fünf macht acht.
Im Frühjahr, Sommer, Herbst und Winter,
egal ob es schneit oder regnet,
mit unseren Glocken sind wir reich gesegnet.

Das Glockengießen ist schon eine heilige Kunst.
Aber im Handwerk findet es seine größte Gunst.
Dann läuten sie im Frieden und im bösen Krieg.
Sie künden dann von Trauer und der Menschheit größtem Sieg.
Dem Frieden!

Advendzeit

Advent, Advent
So wie es ein Jeder kennt.
Doch ihr Lieben,
wo ist unserer Webermarkt geblieben?

Glocken werden läuten, dann die Stille.
Ich schlendere durch die Stadt, das ist mein Wille.
Doch dann schaut und seht,
der Weberbaum, er steht.

Die Advendszeit ist gekommen,
Doch Corona hat uns den Webermarkt genommen.
Doch wir alle werden es sehen,
es gibt ein Wieder-Auferstehen.

Die Sonne am Tollensesee

Der Nebel steigt, wie ich das seh,
ganz leise in die Höh'.
Es ist schon etwas kalt,
es ist schon Herbst, der Winter kommt auch bald.

Doch durch die Zweige zeigt sich noch die Sonne,
das allein ist schon die reinste Wonne.
Aus den Schatten der Bäume trittst du in den Sonnenschein,
nun gehört die Sonne dir allein.

Ja, die schon kalte Nacht,
hatte den Nebel auf den See gebracht.
Doch die Sonne mit ihren Strahlen,
das kannst du schon erahnen,
brachte ein wenig Wärme zurück.
Das war auch dein so schönes Glück.

Die Sonne strahlt noch so mit fünf sechs Grad,
das allein ist schon eine gute Tat.
Sie hat den Winter noch vertagt,
und einfach nochmal „ja" gesagt.

Der große Meister

Großer Meister du dort oben,
wir hier unten würden dich ja gerne loben.
Doch diese Lügen und unser Schrei,
sagen uns, da sind wir nicht dabei.

Was tust du gegen Krebs, Corona und den bösen Tot?
Was tust du gegen große Not?
In Kriegen wird so oft gestritten,
die Menschheit hat schon oft gelitten.

Lieber Herr oh sage mir,
wo kommen all die Kriege her?
Wer besorgt denn all die tollen Waffen,
die keinen Frieden, sondern Tote schaffen?

Und ihr, ihr Diener dieser tollen Lügen,
lügt doch auch, das sich die Balken biegen.
Nun sollen die „Guten" nicht die „Bösen",
das Problem mit neuen Kriegen lösen.

Einen haben wir im Nahen Osten,
dort ziehen die Krieger auf ihre Posten.
Sie schicken Raketen, Panzer und Jets, von großer Qualität,
und zeigen der Welt, wie es am besten geht.

Einen Krieg kennen wir aus der Ukraine,
Ost und West, ein jeder sucht das Seine.
Macht Frieden auf der Stelle,
dann seid ihr richtig helle.

Das große Sterben

Er kommt einfach rein, stellt sich nicht vor,
doch, doch manchmal kündigt er sich an,
hallo, ich bin der Sensenmann.
Ich stelle mich ganz vorne an.

Da hast du keine Chance mehr,
und wehrst du dich auch noch so sehr.
Hier bin ich nun Herr „Schmidt"
und nehme deine Liebste mit.

Nun, du hast gespart ein Leben lang,
Millionen liegen noch im Schrank,
oder aber Gott hab Dank,
bei deiner geliebten Bank.

Der Tod sagt lass sie liegen,
die können deine Erben kriegen.
Ich halte auch die Totenwache,
an deiner Urne, das ist meine Sache!

Deine Totenrede hält,
denn das kostet ja kaum Geld,
dein guter Freund aus dem Nachbarhaus.
Nun ist es mit deiner Freundschaft aus.

Deine Witwe nimmt den Nachbarn nun zu ihrem Mann,
und zeigt somit was Freundschaft alles kann.
So liebt er deine Witwe bis zu seinem Tode,
das ist hier so manchmal Mode.

Der Tod holt auch Kinder und Soldaten,
wohin?
Das könnt ihr doch erraten.
Und erst in einer Pandemie,
da fasst er zu, wie sonst noch nie!

So nun grüße ich euch alle,
eines Tages holt er doch alle,
Geht noch einmal zu einem großen Ball,
erholt euch dann von Fall zu Fall.

Herbstlich

Die Blätter auf den Bäumen sind unser Dach der Welt.
Nun wechseln sie ihre Farben von Grün auf Rot, Braun und Gelb.
Dann fliegen sie auf die Erde,
das Humus aus ihnen werde.

Im Eichen und im Buchenwald kommen dann die Gäste,
Sie holen sich Bucheckern und Eicheln, denn die sind dann das Beste.
Rehe, Hirsche, Wilde Schweine,
ein Jeder bricht das Seine.

Im Laub da raschelt es und es riecht nach Erde,
auch für Eichhörnchen und Mäuse ist das ein Fest.
Auch sie sammeln Futter für den Bau und für das Nest.
Dann warten sie, das es nun bald Winter werde.

Auch die Wiesen, Gärten und Fluren sind nun abgeerntet,
die Bäuerin und Bauern ziehen sich ein wenig zurück,
eine gute Ernte ist nun ihr großes Glück,
sie sagen es mit einem Wort des Dankes.

Mein Heimatland

Ja, Deutschland, du bist mein Heimatland.
Doch davor habe ich zwei andere Deutschland noch gekannt.
Ein Jeder sollte die Geschichte kennen,
und ein Teil davon für sich benennen.

Aber mein neues Heimatland heißt heute Europa.
Ja, und tausendmal ja.
Ein Europa ohne Krieg,
das wäre doch ein Sieg.

Ein Sieg der Bürger,
und sicher auch ein Land der Sieger.
Das wäre doch viel klüger.
Also: Europa soll es sein.

Mögen die klugen Bürger unsere Götter sein,
das wäre doch so richtig hyppi, richtig fein.
Darum lasst uns einfach neue Glocken gießen
und den Frieden so begrüßen.

Die Liebe zu unseren Haustieren

Katzen, Ratten, Kaninchen, Hunde,
auch Papageien, hängen oder sitzen in der Runde.
Alles gute Freunde in der Freude, in der Not,
alles Freunde bis zum Tod.

Ja, sie sind sicher gute Begleiter,
auf Reisen, zur Jagd, zu Hause und so weiter.
Und die Menschen? Die sind lustig, traurig, manchmal heiter.
Es geht immer weiter, immer weiter.

Doch die Lieblinge, die Tiere,
oft sind es zwei, drei oder gar viere,
helfen ihnen in der Freude und der Not
sie beschützen uns vor Einsamkeit und geistiger Not.

Sicher, Götter sind es keine,
aber Helfer, wenn auch Kleine.
Also hüten wir unsere Begleiter,
dann sehen wir fröhlich weiter.

Auch die Pferde,
dieser Erde.
Ob wild oder mit der Gerte gut geknechtet,
sind auch im Sport recht gut gerichtet.

Der „Rote Planet"

Er zeigt uns, wie es geht,
unser „Roter Planet".
Und der kleine „Wagen" ist gut gelandet,
nicht gestrandet.

Die Wissenschaft, die Seine,
die nimmt ihn nun an ihre Leine.
Schon die Landung, so ein Glück,
war ja schon ein Meisterstück.

Nun kann man auch Bilder, Fotos alle Sorten,
auf unserem blauen Planeten horten.
Auch Signale kann man nun empfangen,
muss nicht mehr um die Winde bangen.

Doch das gilt,
alle Erwartungen wurden bis dato wohl erfüllt.
So, wie nun mal alle Uhren ticken,
können wir mit Freuden in die Zukunft blicken!

Wir danken den Wissenschaftlern, Technikern und der Rakete,
auch wenn ich zu allen Göttern mal bete.
Die Götter da oben werden sicher nicht fluchen,
so kommt endlich einer sie besuchen.

Nun habe ich gehört,
der Mars wird noch einmal gestört.
Ein Chinese ist gelandet,
auch er ist nicht gestrandet.

Auch er will sein Glück versuchen,
und die „Marsmenschen" besuchen.
Wir wünschen allen da oben recht viel Glück,
vielleicht kommt einer mal zu uns zurück.

Der Schwanenteich

Es ist so weit!
Er wurde vom Schlamm befreit.
Ein Bagger rollte an,
und zeigte bald, was er so kann.

Der Schwanenteich und seine Wiese,
sind ein Kleinod, so die Devise.
Ja er war reich an Schlamm und Dreck.
Das Zeug musste einfach weg.

Natürlich ist er dort in seiner Ecke,
ein Stück Natur, auch ohne Hecke.
Die Schwäne werden wieder im Wasser landen,
und nicht im Schlamm dann stranden.

Dann, wenn zu Ostern die Bürger durch das Gelände ziehen,
der Teich dann plätschert und die Wiese grünt,
der Bagger dann von dannen zieht,
dann feiern wir ein frisches Wiedersehen.

An unsere Jugend

Keine Jugendweihe, kein Abiball,
alles nur noch Rauch und Schall.
Wir aber sagen,
da kannst du Jeden fragen:

Lebe Jugend, strebt voran,
zeigt der Welt, was man noch kann.
Vertreibt die bösen Geister,
macht euer Studium, und werdet Meister.

Zeigt der Menschheit eure Würde,
vernichtet diese böse Hürde,
schlagt auch in die Hand „Europa" ein,
dann könnt ihr freie Bürger sein.

Gebt „Europa" eure Tat und euer Wort,
„Europa" ist der beste Ort,
um eure Heimat zu verwalten,
und eure Zukunft zu gestalten.

Eure Ehre, eure Tugend,
nehmt sie fest in eure Hand.
Ihr seit nun unsere Jugend,
die Zukunft für unser Land.

Lebt auch für die Wissenschaft,
den sie entwickelt jene Kraft,
die uns die Hoffnung verleiht,
und die ganze Menschheit heilt.

Ihr dürft auch nicht weichen,
ihr müsst das Digetale erreichen,
und dem Klimawandel stoppen,
und neue Ziele toppen.

Dabei ist eure Bildung die große Kraft,
die euch die Zuversicht erschafft.
Liebe Jugend, nehmt eure Kraft und den Verstand,
fest in eure Herzen und noch fester in die Hand.

Der große Schwindel

Ein großer Schwindler vor dem Herrn,
doch viele haben dich zum Fressen gern.
Bitcoin heißt die große Nummer,
probiere nur, dann hast du richtig Kummer.

Große Namen sollen dahinter stecken,
doch der Betrug, der lauert nun an allen Ecken.
Ein Charlatan gibt sich für diesen Schwindel her,
doch glaub ihn nicht, er ist zu schwer.

Zahle erst mal bare Münze ein,
die war dann einmal dein.
Dann war dein Berater dort,
und trug dein schönes Geld mal fort.

Nun schauen wir mal heute,
wer macht den nun die fette Beute?
Lass die Finger grade,
dein Geld ist doch für diesen Schwindel viel zu schade.

Die neue Freiheit

Sagt es mir ihr Lieben,
wo ist unsere große Freiheit nur geblieben?
Wie im Knast so aufbewahrt,
wirst du im Tode nicht mal aufgebahrt.

Nun aber kommt ein Neuer,
Menschenrechte sind recht teuer.
Aber mit dem Abstand und der Maske im Gepäck,
da stecken wir das bisschen Freiheit einfach weg.

Was hat sich dieser Mensch da nur gedacht?
Was hat er den da Neues gemacht?
„Menschenrechte" will er neu gestalten,
nicht nur unsere heutigen verwalten.

Nun lenken auch die Eliten ein,
kann es ein Sturm der neuen Freiheit sein.
Denn, hast du unsere Gesellschaft erkannt?
Die ist zur Zeit doch völlig ausgebrannt.

Artikel 1 sollte die Umwelt sein.
Doch diese macht es nicht allein.
Wie alles auf der Welt,
die kostetet richtig viel Geld.

Auch beim Artikel 2
wäre ich gerne mit dabei!
„Digitale Selbstbestimmung" keine Frage,
doch sie wissen schon, ohne Spionage.

Auch in den Artikel 5, da stimme ich ein,
denn die Globalisierung, die muss schon sein.
Stellen wir diese Gedanken in unser Haus Europa rein,
dann wird unsere Freiheit viel schöner sein.

Impfen, Impfen, Impfen

Da hilft kein Meckern und kein Schimpfen,
da hilft nur Impfen, Impfen, Impfen.
Soll dich nicht der Teufel holen,
dann mache dich schnell mal auf die Sohlen.

Corona, das ist schlimm,
da steckt doch irgendwo der Teufel drin.
Du bekommst den nur mit einem Stich
wieder in den Griff.

Hast du dir dann eine Spritze ausgeborgt,
dann haste erst mal ausgesorgt.
Dann bekommst du deine Rechte wieder,
tanzt und singst dann frohe Lieder.

DER FRÜHLING
Wo, hat er sich versteckt?

Mensch ist das kalt.
Wo bleibt der Frühling, kommt er bald?
Ja, er schaut aus vielen Ecken,
auch aus Gärten mit den hohen Hecken.

In den Weinbergen brennt so manches Feuer,
sicher, das wird dann richtig teuer.
Doch die Blüten freuen sich, wenn wir sie schützen,
eine tolle Ernte folgt zu unser aller nutzen.

Doch wenn sie mich so fragen,
dann muss ich sagen,
wir sind zwar ein wenig wie benommen,
doch der Frühling, er wird kommen.

IHR LIEBEN!

Kaum eine Familie ist verschont geblieben.
Wo seid ihr hin, ihr Lieben?
Wer hätte vor kurzen noch gedacht,
Corona, die hat euch dahin gerafft.

Wie ihr seht,
die „Spritze" kam für viele viel zu spät!
Noch heute rufen viele Völker in ihrer Not,
helft uns bitte, sonst sind wir morgen tot.

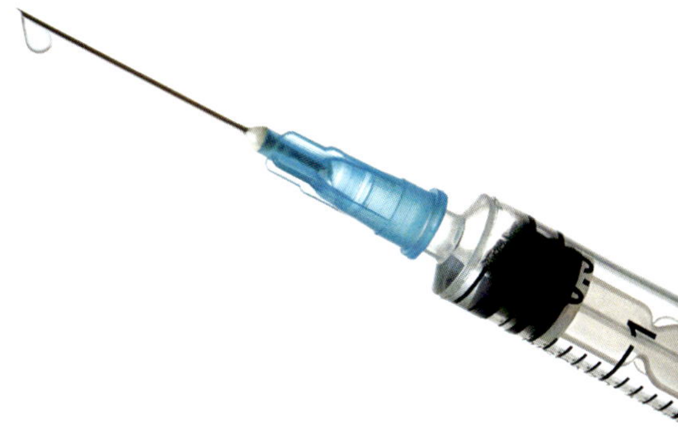

Badegäste am Tollensesee

Und die Badegäste hier am See,
die ich ja nun täglich seh,
ziehen sich aus und springen mutig in die See.
Manche scheuen weder Sonnenschein noch Schnee.

Sie schwimmen oder tauchen,
sind für vieles zu gebrauchen.
Also leben wir dort auch mit den kleinen Wellen,
auch Wind und Wetter kann man dort bestellen.

Auch die Enten, Möwen, Schwäne, Gänse,
finden dort noch ihren Platz.
Ist kein Gedränge, keine Hatz.
Wir teilen diesen schönen Platz.

Nixen und ein Nackedei,
die sind hier immer mit dabei.
Sogar ein Liegestuhl und eine Decke,
ein großer Baum, ein Strauch und eine hohe Hecke.

Oft haben wir am frühen Morgen schon bei dir gesessen,
haben sogar unser Frühstück mal vergessen.
Sicher, die Badegäste hier am Strand
sind natürlich unbekannt.

Wer möchte kann sich im Schatten dieser Hecken,
auch mal einfach so verstecken.
Kann aber auch einfach in den Wiesen
in der Sonne liegen.

Beim Schwimmen, kannst du,
hier im Nu,
ob auf der Brust oder dem Rücken
unsere schöne Stadt, Gatscheck oder auch das Belvedere,
erblicken.

Lieber See, täglich bist du neu.
Vergiss uns nicht,
bleib uns treu,
du bist unsere Zuversicht.

Die Flut

Sie kam so Übernacht,
sie hat die Menschen einfach überrascht.
Im Nu kam sie, mitten durch den Ort,
und fegte dann die Menschen mit ihren Straßen und Häusern fort.

Wir haben es vernommen,
die Fluten sind dort angekommen.
Ganze Orte, Straßen, Autos wurden weggerissen,
auch Menschen, wir werden sie vermissen.

Lebend wurden sie im Schlamm begraben,
die Hilferufe konnte man nur erahnen.
Natürlich wurden die Opfer auch gewarnt,
doch niemand hat das Maß der Fluten so erkannt.

Diese Fluten wüteten nur eine Nacht,
sie haben aber den Menschen Tot und Elend gebracht.
Welcher Gott hat das gewollt?
Oder hat der Teufel diese Flut geholt?

Verrat, Verrat,
das war die Tat,
Das Unheil sprang aus Flüssen und den Bächen,
als wollte die Natur sich an uns Menschen rächen.

Die Teufel und der Hexenmeister,
sie beherrschten nun die Geister,
die Menschen die um Hilfe baten,
wurden erst einmal verraten.

Auch der Hausarzt, das Kino, der Markt sind fort,
viele Menschen brauchen nun einen anderen Ort.
Energie, Gas, Wasser und Toiletten
könnten sie noch retten.

Doch, doch, die Feuerwehr,
die half schon sehr,
Die Bundeswehr und THW schuften Tag und Nacht.
Sie haben auch dein Haus bewacht.

Auch Gaffer und Diebe gehen ein und aus.
Doch sie finden kein Hotel und kein heiles Haus.
Also raus, raus, raus!
Raus aus unserem Trümmerhaus!

Viele Helfer kamen um zu helfen,
sie waren nun die Guten, wie die Elfen.
Auch die Großen waren dort.
Eine Rede, dann waren sie wieder fort.

Tage, Wochen, Jahre werden die Menschen brauchen,
bis ihre Schornsteine wieder rauchen.
Auch ihre Toten werden sie begraben,
dann werden sie zählen, was sie noch übrig haben.

Wir grüßen Euch ihr Menschenkinder,
die Vermissten natürlich auch nicht minder.
Euch Götter da oben
würden wir auch gerne loben.

Schlagt den Teufel in den Bann,
dann fangen wir mit unseren Gesängen an.
Also ihr großen und ihr kleinen Götter,
macht für die Menschen ein gerechtes Wetter.

Ja, ja, es ist schon wahr,
die K und viele P waren auch schon da.
Auch sie waren schwer betroffen.
Auf tolle Hilfen können nun die Leute hoffen.

All die Menschen erhalten unseren Segen,
besonders jene, die sich tüchtig regen.
Mögen euch die Engel und die Götter beschützen,
und beim Aufbau der Heimat tüchtig nützen.

Unsere heilige Erde

Unsere Erde ist so schön und lebenswert,
deshalb wird sie auch von uns verehrt.
Wir sollten sie, wenn wir sie täglich nützen,
auch mit allen Kräften schützen.

Schau Dir täglich diese Schönheit an.
Schau, was sie Dir gibt und was sie alles kann.
Du kannst leben, essen, trinken,
du kannst nach deiner Arbeit auch in einen tiefen Schlaf versinken.

Diese Erde ist ein Gott,
täglich führt sie unser Leben fort.
Dörfer, Städte, Felder,
Wiesen, Tiere, Täler, Wälder,
all das hat sie uns geschenkt.
So ist es gut, wenn auch Du an unsere schöne Erde denkst.

Auch Flieger und Raketen kehren wieder Heim.
Schauen sich unsere Erde an,
sie staunen dann, oh Mann, oh Mann,
so soll es ja auch sein.

Je nach dem wie man das so sieht,
es geht wohl auch um den Profit.
Doch, doch, sie freuen sich um unseren schönen Planeten,
doch manchen geht es nur um die Moneten, Moneten.

So nutzen wir dann unser tolles Leben,
da kann die Erde schon mal beben.
Du unsere Erde, bist unserer Heiligtum,
das sagen wir allen hier herum.

Grüne Wälder, blaues Meer,
ja wir lieben Dich so sehr.
Doch wir leben hier nur kurze Zeit,
dann kommt der Ruf: „Bist Du bereit?"

Bleibe fröhlich und heiter,
gib das Leben an die neue Generation dann weiter.
Trolle Dich,
das ist dann Deine Pflicht.

Der Adler vom Tollensesee

Ja, ich steh' hier am Tollensesee,
und am Himmel ich einen Adler stehen seh'.
Mit bloßem Auge kann ich ihn erkennen,
und deshalb auch beim Namen nennen.

Er flattert noch, zieht seine Runde,
dann stürzt er noch in der Sekunde,
in die Tiefe,
fegt über den See, als ob er liefe.

Schlägt den Fisch, und steigt nach oben,
doch für dieses Kunststück wollen wir ihn loben.
Nun fliegt er mit seiner Beute heim, in seinen Horst.
Dort in den weiten Nemerower Forst.

Dort warten schon zwei Adlerküken auf das Futter,
das bringt nun der Vater oder auch die Mutter.
Nun herrscht leben dort im Horst,
Die zwei Küken streiten sich dort mitten in dem Forst.

Doch die Adlermutter startet schon zum neuen Flug,
auch der Vater kommt, doch es ist nie genug.
Wir aber wollen sie beschützen,
da sie uns und unserem See doch so toll nützen.

Der Schwimmer vom Tollensesee

Sein Fahrrad steht an einem Baum.
Doch den Schwimmer, den sieht man kaum.
Er krault dort mitten auf dem See,
kaum kann man ihn erkennen, ich schau ob ich ihn seh?

Fasst jeden Morgen zieht er seine Bahnen,
manchmal kann man ihn nur erahnen.
Er krault dort in den Wellen,
diese kann man hier bestellen.

Weiß schäumt die Gischt bei Sturm und Wind,
ob unserer Schwimmer wohl auch unter Wasser schwimmt?
Streckenweise mag das sein,
aber oftmals ist es nur der Schein.

Plötzlich taucht er wie Poseidon aus dem Wasser, schüttelt sich
und schaut.
Ich winke ihm noch freundlich zu,
sage noch „Adjö“ und lass ihn dann in Ruh.
Er fährt dann nach Hause, und begrüßt wohl gut gelaunt,
seine neue Braut.

Der Sturm bricht los!

Ein Sturm stürmt übers Land,
er stürmt und pfeift so wie von früher schon bekannt.
Wem hat der Sturm den steifen Wind geklaut?
Wo hat er den bloß aufgebaut?

Nun peitscht ein Regen durch die Straßen und die Gassen,
Ja, ja, auch er will ja nichts verpassen.
Auf seiner Reise
stürzen Wasser literweise.

Der Sturm zottelt an den Bäumen, an die Dächer,
manchmal wird er etwas schwächer.
Dann aber brüllt er wieder auf,
nimmt sein Werk dann wieder auf.

Diese Riesenböe hat eine Kraft,
das sie Bäume, Dächer, ja ganze Häuser nieder macht.
Immer das gleiche Bild,
wenn sie ihren Hunger stillt.

Und bei uns daheim,
stellt er sich auch mal ein.
Es kann auch mal Sturm mit Regen sein.
Dann ist der Sturm nicht so allein.

Das Fischerhaus

Ist es etwa aus,
mit unserem Fischerhaus?
Nein, nein, nee,
es bleibt dort im Tollensesee.

Ja, ja, es soll sich wohl auch lohnen,
man pflegt dort wohl auch Traditionen.
Doch keiner kann das recht verstehen,
das Fischerhaus ist nicht zu sehen.

Zeigt uns und unseren Gästen doch mal das gute Haus.
Dann kommen auch Touristen in Scharen und zu Hauf
in unsere „Stadt der vier Tore" mit dem tollen See.
Es lebe hoch das Fischer-Haus auf unserem See.

Heinrich aus Ankershagen

Heinrich Schliemann aus Ankershagen.
Wie konntest du es wagen?
Doch er entdeckte Troja und den Schatz des Priamos.
Er war Weltenbummler, Händler und Forscher, also ein Muss.

Er ging in die Welt
war Russe, Amerikaner, Grieche, und machte Geld.
Dann als reicher Mann
zeigte er, was er so kann.

Er grub sich in den Berg hinein,
um Troja zu suchen, nein, nicht allein.
Doch er fand sie, die wir ja aus der Geschichte kennen,
so konnte er sie auch benennen.

Doch er fand auch einen Schatz
an diesem Platz.
Den schmuggelte er hinaus,
und versteckte ihn, oh Graus.

Die Geschichte von Troja mit dem großen Pferd
ist noch heute hoch begehrt.
Doch der Schatz der einst in Deutschland stand,
wurde dann der Russen Beute und liegt in dessen Land.

Da können wir uns nur leicht erwehren,
aber den Heinrich wollen wir schon hoch verehren.
Wir wollen ihm ein Denkmal bauen,
und auch mal mit einem Risiko in die Zukunft schauen.

Italien, Land der Schönheit und der Sonne

Ja, du bist ein Land der Sonne und der Künste.
Deine Menschen, deine Städte, dein Meer.
Deine Schönheit, was will ein Urlauber noch mehr?
Das sind doch alles deine Wünsche.

Gern sind wir durch den Brenner und den „Goddart" gefahren,
Zählten die Tunnel, nicht die Gefahren.
Besuchten dann das schöne Land.
So wie es eben weltbekannt.

Der Krieg in der Ukraine

Im Ukraine-Krieg
gibt es keine Sieger, keinen Sieg.
Die uns Anderes versprechen, sie lügen,
sie wollen uns wie immer nur betrügen.

Verletzte Menschen, tote Kinder,
zerbommte Dörfer, Städte nicht minder.
Dieser Krieg ist eine Schande,
es schäme sich die ganze Bande.

Ein fescher Hut, ein Reifen und eine flotte Sportlerin

Ein toller bunter Hut,
gestaltet ihren Mut.
Er hilft beim Schwingen und im Takt,
wenn sie der Rhythmus erst gepackt.

Der Hut, mit den bunten Bändern,
dort an den Rändern,
flattert oft geschwind,
einfach so im Wind.

Dort am Strand,
uns allen ist sie schon bekannt.
Dort am Tollensesee, schwingt sie ihren Reifen.
Ein jeder Gast sollte das begreifen.

Nein, ach nein, sie liegt nicht auf den Rücken,
muss sich auch niemals zu ihrem Reifen bücken,
Aufrecht und mit schnellen Schwingen,
hört man den Reifen im Rhytmus singen.

Eine Dame, wie von Adel,
eine Dame, ohne Tadel,
eine Dame, sportlich anzusehen.
Eine Dame, einfach schön.

Dann, nach der Kür,
das wissen wir,
legt sie Hut und Reifen ab,
zieht sich aus und ab geht es in die Fluten.
Sie gehört zum See, denn wir sind die Guten.

Ja, wenn der Reifen um die Hüften schwingt,
der bunte Hut mit seinen Bändern im Winde singt,
die Dame dann im See versinkt,
dann ist es so weit,
dann haben wir die schönste Sommerzeit.

Die Deutsche Nationalbibliothek verzeichnet diese Publikation in der Deutschen Nationalbibliografie; detaillierte bibliografische Daten sind im Internet über http://dnb.d-nb.de abrufbar.

1. Auflage 2023
www.edition-lesezeichen.de

Herausgeber: Manfred Zimmermann
Humboldtstraße 61
17036 Neubrandenburg
Fotos: Manfred Zimmermann, VALDET - stock.adobe.com, Vahram - stock.adobe.com, sumire8 - stock.adobe.com, Photocreo Bednarek - stock.adobe.com, 1xpert - stock.adobe.com
Herstellung: STEFFEN MEDIA GmbH | Friedland – Usedom
www.steffen-media.de
ISBN: 978-3-948995-22-5